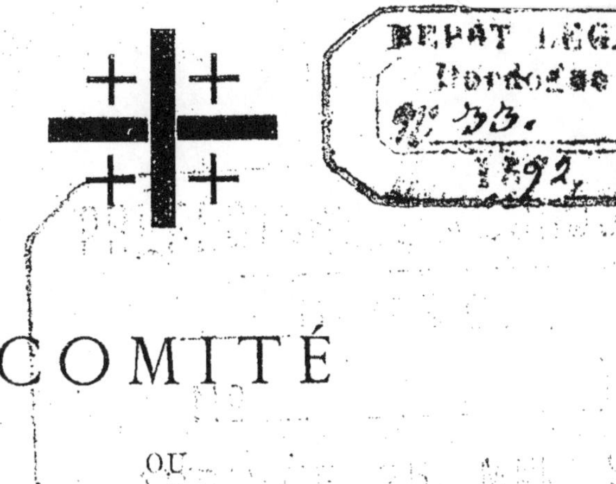

COMITÉ

OU

ASSOCIATION DIOCÉSAINE

DES

PÈLERINAGES ET ŒUVRES DE TERRE-SAINTE

…, **10** *fr.* — *500 Ex.*, **25** *fr.* — *1,000 Ex.*, **40** *fr.*

SARLAT
IMPRIMERIE MICHELET, RUE DE LA CHARITÉ

COMITÉ

OU

ASSOCIATION DIOCÉSAINE

DES

PÈLERINAGES ET ŒUVRES DE TERRE-SAINTE

100 Ex., **10** *fr.* — *500 Ex.*, **25** *fr.* — *1,000 Ex.*, **40** *fr.*

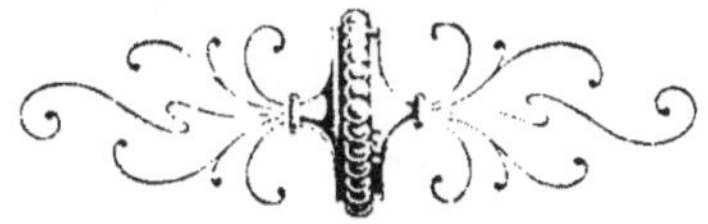

SARLAT

IMPRIMERIE MICHELET, RUE DE LA CHARITÉ

IMPRIMATUR.

† N. JOSEPH,

Evêque de Périgueux et de Sarlat.

COMMENT SE FORME ET DÉBUTE UN COMITÉ

OU

ASSOCIATION DIOCÉSAINE

DES

PÈLERINAGES ET ŒUVRES DE TERRE-SAINTE.

1. — Quelques prêtres pèlerins, soit à la retraite ecclésiastique, soit à une conférence ou à toute autre réunion, s'entretiennent ensemble du projet. Ils échangent entre eux leurs idées et leurs plans. Ils décident de convoquer à une date déterminée chez un confrère ou dans un établissement ecclésiastique tous les prêtres pèlerins du diocèse.

2. — A cette réunion préparatoire, les invités présents rédigent une circulaire qu'ils signent ensemble et adressent à tous les pèlerins, prêtres et laïques du diocèse, ainsi qu'aux dames ayant fait partie de quelque pèlerinage en Terre-Sainte.

3. — La circulaire indique le jour et l'heure d'une première réunion plénière dans un local déterminé, et autant que possible dans la ville épiscopale, afin que Monseigneur l'Evêque, prévenu d'avance, accepte la présidence d'honneur.

4. — Le jour de la réunion, après la prière faite, Monseigneur, présent par lui-même ou par son délégué, assiste à la nomination des dix membres qui doivent former le Conseil *de l'œuvre. — Après cette élection, le*

Conseil *fait parmi les dix membres élus, l'élection d'un* président *ecclésiastique, de deux* vice-présidents, *l'un ecclésiastique et l'autre laïque, d'un* secrétaire *et d'un* trésorier, *qui formeront le* bureau du Conseil du Comité de Terre-Sainte.

ACTION DU COMITÉ CONSTITUÉ.

1. Il provoque et organise des conférences, des fêtes, une ou deux réunions générales par an où chacun viendra raconter ce qu'il sait concernant l'œuvre diocésaine et les pèlerinages de Terre-Sainte, remettre les cotisations et offrandes recueillies, et s'édifier au récit mutuel des pieuses industries de l'apostolat.

2. Le Comité prendra ses mesures pour obtenir et organiser tour à tour, chaque année, dans une église de quelque ville du diocèse avec l'agrément de monsieur le Curé, une conférence solennelle *suivie d'une quête annoncée.*

3. Le jour de la conférence, à midi, un modeste repas où chacun payera son écot, réunira autour de la même table tous les membres ayant donné avis de les inscrire parmi les convives.

Après le repas, réunion du Comité commençant par la prière : Pater... Ave... Fidelium animae... *lecture de quelque rapport sur la situation de l'œuvre diocésaine.*

4. Multiplier les moyens pour répandre le culte des Lieux-Saints et favoriser les pèlerinages de Terre-Sainte, telle est la mission d'un Comité ou Association diocésaine de Terre-Sainte, qui pourra, pour fonctionner, adopter et suivre en tout ou en partie les dispositions et la rédaction du petit manuel suivant.

Le siège du Comité général des pèlerinages est rue François Ier, 8, à Paris.

COMITÉ

POUR

Les Pèlerinages et les Œuvres de Terre-Sainte

I. — BUT ET OBJET DU COMITÉ.

1° Un Comité de Terre-Sainte est constitué sous le patronage de Monseigneur l'Evêque.

2° Tous les pèlerins de Jérusalem, appartenant au diocèse, présentés par deux anciens membres et acceptés par le Conseil, seront membres du Comité.

3° Le but que doivent se proposer les membres du Comité de Terre-Sainte, c'est de faire connaître et aimer les Lieux-Saints, en provoquant, en leur faveur, de nombreux pèlerinages et des secours abondants pour les œuvres qui s'y rattachent.

4° Le Comité a pour devoir de maintenir parmi les anciens pèlerins vivants le zèle et la ferveur pour les pèlerinages et les œuvres de Terre-Sainte, et d'assurer aux âmes du Purgatoire et aux associés défunts le bénéfice de fraternelles prières.

II. — STATUTS ET FONCTIONNEMENT DU COMITÉ.

1° **Président d'honneur.** — Monseigneur l'Evêque.

2° **Membres du Comité.**—Tous les pèlerins admis par le Conseil du Comité. Ils sont convoqués et réunis en assemblée générale pour nommer et renouveler tous les trois ans, avec liberté de réélection, les dix membres devant former *le Conseil.*

3° **Bureau du Conseil.** — Le Conseil nomme son bureau, composé d'un *président* toujours ecclésiastique; de deux *vice-présidents,* l'un ecclésiastique et l'autre laïque; d'un *secrétaire* et d'un *trésorier;* deux ou trois dames conseillères pourront faire partie du bureau.

4° **Membres honoraires.** — Tous les pèlerins de désir du diocèse ou non, portant quelque intérêt aux œuvres de Terre-Sainte, peuvent se faire inscrire à titre de *membres honoraires* du Comité des pèlerins, mais sans voix délibérative aux réunions générales.

5° **Réunion générale.** — Une assemblée générale de tous les pèlerins, membres du Comité, aura lieu chaque année à

— Le bureau du Comité indiquera le jour, l'heure et l'endroit où se tiendront les réunions supplémentaires qui paraîtront nécessaires.

6° **Fonctions du Conseil.** — Le *Conseil* prend toutes les décisions qui peuvent intéresser le Comité. Il règle l'emploi des fonds.

Le *Bureau* est chargé de se mettre en relations

avec le Comité général des pèlerinages de Paris, afin de pouvoir fournir tous les renseignements qu'on lui demande pour faire le pèlerinage de Terre-Sainte.

Le Conseil et le Bureau peuvent se réunir chaque fois que le Président croit utile de les convoquer, surtout avant les réunions générales. Le *Conseil* ne pourra tenir de réunion et prendre de décision qu'avec au moins cinq membres présents.

7° **Cotisation annuelle.** — Elle est de *trois francs* pour les membres du Conseil, et de *deux francs* pour tous les membres du Comité, quel que soit leur titre. Une quête est faite à la fin de chaque réunion générale ou partielle.

8° **Perception et emploi des fonds.** — Le trésorier tient registre des cotisations versées, des offrandes et souscriptions, des sommes employées aux frais de la correspondance, de l'organisation du pèlerinage annuel, de l'envoi des pèlerins pauvres, de l'achèvement de Notre-Dame de France. Il présente un état de la caisse à chaque réunion générale et sur la demande du Conseil.

9° **Le secrétaire.** — Le secrétaire, sur l'indication du Président, fait les convocations pour les réunions. Il tient sur registre la liste exacte de tous les membres avec leur adresse. Il fait par lui-même ou par d'autres le compte-rendu des réunions tenues et des conférences données.

10° **Moyens de propagande et d'action.** — Les membres du Comité travailleront efficacement à l'œuvre aussi française que catholique des pèlerinages en Terre-Sainte, en provoquant autour d'eux, aussi bien dans les plus humbles églises des campagnes que dans celles des villes, dans les cercles, patronages et autres associations, dans les écoles, collèges et séminaires, des conférences solennelles ou familières sur toutes les questions et œuvres relatives à la Terre-Sainte.

11° **Pèlerins pauvres.** — Le Comité décide, après enquête, qui, parmi les solliciteurs appartenant au diocèse, pourra bénéficier en tout ou en partie d'un billet gratuit. On indiquera si possible aux souscripteurs les pèlerins pauvres qui doivent les représenter aux Lieux-Saints.

III. — DÉTAILS UTILES A CONSULTER.

1° **Réunions partielles.** — Une réunion partielle, composée d'au moins cinq pèlerins ou membres du Comité, peut avoir lieu, sans convocation officielle, à l'occasion d'un service funèbre, d'une adoration ou de toute autre fête, et même d'une simple invitation de bonne confraternité. — Deux lignes de compte-rendu seront adressées au Président.

2° **Conférences.** — Le conférencier peut traiter à son gré une question d'histoire ancienne ou moderne, de description géographique, d'usages et de coutumes, de science ou de religion, concernant la Terre-Sainte et les contrées qui l'avoisinent. Les récits et impressions de voyages ayant trait aux œuvres catholiques de l'Orient, une simple monographie de chacun des Lieux-Saints peuvent servir de matière à une conférence qui peut durer moins et rarement plus d'une heure. — Terminer, si possible, par des projections lumineuses de vues de Terre-Sainte avec lampe à pétrole.

On doit rendre les conférences aussi nombreuses que possible, puisqu'elles peuvent être presque sans frais, grâce à Messieurs les curés, heureux de prêter leur église et leur personnel de police et de chant pour la circonstance. — La quête est toujours faite après la conférence.

3° **Frais de la conférence.** — Il faut indemniser le conférencier des frais qu'il a faits pour son voyage, — donner une petite rétribution au suisse qui accompagne à la quête, — distribuer quelques gravures aux personnes qui auront contribué au chant. *La conférence doit être annoncée au prône pendant les deux dimanches qui précèdent le jour où elle doit avoir lieu, dans la* Semaine religieuse *et dans un journal lu par les catholiques du pays.*

4° **Repas.** — S'il doit y avoir repas des membres du Comité, le faire autant que possible dans une salle de collège ecclésiastique ou chez les Frères, — s'entendre assez tôt avec l'économe pour l'installation, le jour et l'heure favorable, — donner chacun *trois francs*, en prévenant à l'avance de son adhésion, et ajouter 25 centimes pour le service.

5° **Souscriptions et pieuses industries.** — Chaque membre du Comité peut facilement faire et obtenir parmi ses connaissances des listes de souscriptions de *dix centimes,* 0 fr. 50 c. ou 1 fr., pour aider des pèlerins pauvres à partir à leur place.

Au milieu d'une société de dix, vingt personnes ou plus, on peut faire gagner séance tenante au plus fort numéro, ou par une petite loterie à *cinq, dix centimes le billet,* suivant le nombre de personnes et l'importance de l'objet, croix, gravure, chapelet, brochure ou vue de Terre-Sainte.

Avoir une tire-lire ou sou de Terre-Sainte en vue au salon.

6° **Prospectus et brochures.** — Chaque membre

du Comité, pèlerin de fait ou de désir, doit avoir soin de répandre autour de lui les prospectus, brochures, journaux ou autres documents sur l'œuvre importante de Terre-Sainte.

IV. — RENSEIGNEMENTS ET AVIS.

1° **Voyage facile.** — Départ de Marseille au printemps, peu après Pâques, avec absence de cinq à six semaines.

Trajet de Bordeaux, d'Agen ou de Toulouse à Marseille, aller et retour, avec rabais de 50 0/0, pour un groupe de dix personnes à un de ces points de départ :

1re Classe,	de Bord., 72 f ;	d'Agen, 56 f 50.	On peut coucher à bord en arrivant à Marseille.
2e Classe,	— 49 f ;	— 38 f 50.	
3e Classe,	— 32 f ;	— 25 f 50.	

De Toulouse : 1re Classe, 44 fr. ; 2e Classe, 30 fr. ; 3e Classe, 20 fr. — De Paris : 1re Classe, 115 fr. ; 2e Classe, 85 fr. ; 3e Classe, 63 fr. — De Lyon : 1re Classe, 50 fr. ; 2e Classe, 37 fr ; 3e Classe, 26 fr.

S'informer de l'heure du départ des pèlerins partant de Bordeaux, d'Agen ou de Toulouse, etc.

Prix des billets du pèlerinage de Marseille en Terre-Sainte, aller et retour et tous frais compris, transport, nourriture, logement, voitures, guides :

Première classe, 760 fr. ; seconde, 610 fr. ; troisième, 460 fr., pour visiter le Carmel, Nazareth, Jaffa, Jérusalem et Bethléem.

Prix réduits. — Sur les prix précédents, les pèlerins peu aisés peuvent quelquefois obtenir une réduction de 100 fr., 150 fr., 200 fr., en faisant leur demande au Comité de la région ou de Paris ; mais ils doivent fournir au minimum 160 fr. pour frais de nourriture et de logement à terre, aussi bien que ceux qui auraient reçu pour le navire un billet de passage gratuit de 300 fr.

Visites facultatives. — Les pèlerins qui veulent faire à cheval la visite du Thabor, de Tibériade et des environs de Nazareth, doivent payer un supplément de 55 fr.

Ceux qui veulent faire à cheval le voyage de Nazareth à Jérusalem par la Samarie, ajoutent un supplément de 60 fr. ; ce qui fait, pour les deux excursions, *Tibériade* et *Samarie*, 115 fr. en plus du billet simple.

Résumé des dépenses pour un pèlerin de 3e classe.

De Bordeaux ou d'Agen à Marseille (aller et retour)..	45.00
A bord, la traversée, la nourriture et le logement....	300.00
A terre, transport, nourriture et log. en Terre-Sainte.	160.00
En Egypte, frais de transport, nourriture et logement.	70.00
Total............	575.00
Excursion facultative à Tibériade..................	55.00
Excursion facultative en Samarie.................	60.00
Total............	690.00

Il faut avec le prix du billet de traversée et de Terre-Sainte 460 fr., envoyer de rigueur le supplément pour l'arrêt en Egypte, soit 460 et 70 = 530 fr. Et en plus 55 fr., si l'on veut faire l'excursion de Tibériade, soit 530 et 55 = 585 fr. Enfin, si l'on veut suivre le groupe passant par la Samarie, ajouter 60 fr. à 585 = 645 fr. à envoyer.

Nourriture. — Elle est très convenable à bord ; avec quelque supplément on peut passer du régime de 3e à celui de 2e, et de 2e à celui de 1re. — *A terre,* même nourriture pour tous, bouillon, mouton, poulet, œufs, fruits, café trois fois par jour.

Bagages et costume. — Bonne valise ou sac de voyage facile à garder avec soi, et de plus une besace en toile ou en cuir pouvant se mettre en bandoulière pour les excursions à pied ou à cheval. — Bonne chaussure sans clous, un parasol, une pèlerine blanche contre le soleil, chapeau léger avec brides, vêtements de laine ou drap léger, couverture de voyage à cause des nuits, ne pas s'encombrer de linge de corps, puisqu'on peut le faire blanchir à bord et à terre. Emporter deux petites serviettes, du fil et des aiguilles et un paquet de mince ficelle.

Soins et précautions. — Emporter quelques paquets de bismuth, un peu de quinine divisée en doses à prendre. — Supporter la soif, éviter l'eau pure — la plus saine boisson est du café étendu d'eau.

Ne pas se séparer des groupes, ne pas faire de visite, course ou excursion étant seul.

Eviter la grosse chaleur de midi à 3 heures, ne pas sortir après le coucher du soleil, se défier de la fraîcheur des nuits. — Ne pas voyager à jeun.

Un médecin à bord et en Terre-Sainte, et des sœurs hospitalières prodiguent leurs soins à ceux qui les réclament. — Parmi les trois ou quatre cents pèlerins qui composent la pieuse caravane, on voit tous les âges représentés, depuis des enfants jusqu'à des vieillards. On compte environ cent cinquante prêtres, cent et quelques laïques, une centaine de dames. Toutes les classes de la société ont des représentants dans ces divers groupes. Le pèlerin prêtre se fait autoriser par son évêque, et le laïque recommander par son curé.

2° **Voyage sanctifiant.** — Chapelle à bord — messes — confessions, communions — des instructions, des conférences, le rosaire et le chemin de croix remplissent les journées à bord. — *A terre*, que de souvenirs sanctifiants, le *Carmel, Nazareth*, le *Thabor, Bethléem, Jérusalem*, le *Calvaire* et le *Saint-Sépulcre*, que de sujets à méditer pour le pèlerin ! *Faire pieusement le pèlerinage de Jérusalem est un signe de prédestination*, a dit le Pape.

3° **Voyage patriotique.** — Depuis Charlemagne et les croisades, la France a toujours affirmé par ses gouvernements son dévouement pour les Lieux-Saints. Ce serait manquer à toutes nos traditions et à tous nos devoirs que de nous montrer indifférents à la grave question de la Terre-Sainte et de ne pas favoriser et maintenir les œuvres qui peuvent développer notre influence en Orient. — La pensée que les plus grandes puissances d'Europe multiplient tous les jours leurs moyens d'action dans ces pays, doit suffire pour que notre zèle patriotique et chrétien cherche à multiplier partout les amis et les apôtres des pèlerinages et des œuvres de la Terre-Sainte.

Merci aux pèlerins de Paris, de Bordeaux, d'Orléans et d'Agen, qui, par leurs notes, ont rendu ce petit manuel moins incomplet.

B. DE V...., MISS. APOST.,
Pèlerin de 1890.

ITINÉRAIRE DES PÈLERINS ET DURÉE DES ÉTAPES.

1° De Marseille à Caïfa, la traversée sans arrêt est d'environ huit jours. — Si l'on fait halte en Egypte, on y reste six jours.

2° Débarquement à Caïfa, visite du Mont-Carmel. — Le lendemain, départ en trois groupes avec drapeau et guides pour Nazareth, où l'on arrive le soir même.

3° **Le premier groupe** y reste ne faisant ni l'excursion facultative de Tibériade ni celle de Samarie. — **Le deuxième groupe** se rend à cheval à Tibériade seulement. — **Le troisième groupe** l'y suit et doit faire ensuite seul avec des guides l'intéressante traversée de la Samarie.

4° Au retour de Tibériade, les trois groupes partent pour Jérusalem. — Les deux premiers retournent à Caïfa, s'embarquent pour Jaffa, d'où en voiture ou chemin de fer ils arrivent le même jour à Jérusalem. — Le troisième groupe, venant de Samarie, y arrive le lendemain soir.

5° **Jérusalem.** — Chaque pèlerin a sa cellule fermant à clef à la belle hôtellerie de *N.-D. de France*. — De seize à dix-huit jours à Jérusalem. — Pèlerinage facultatif à Bethléem, Béthanie, au Jourdain, à Hébron, à Saint-Jean du désert, etc. — Fête de l'Ascension au Mont de l'Ascension. — Pentecôte au Mont Sion (Cénacle).

6° **Retour** par Ramleh (Arimathie) Jaffa et Marseille, en attendant qu'un jour, comme il est probable, le pèlerinage passe à l'aller comme au retour par **Constantinople, Damas, Beyrouth** et le **Carmel**.

Nota. — On peut se procurer, à Paris, des lampes à projections lumineuses depuis 40, 50 et 80 fr., au pétrole. — Les vues sur verre en noir coûtent de 10 à 15 fr. la douzaine, et coloriées de 30 à 40 fr.

LISTE A CONTINUER

DES

PÈLERINS DE JÉRUSALEM DU DIOCÈSE

1882 —

1883 —

1884 —

1885 —

1886 —

1887 —

1888 —

1889 —

1890 —

1891 —

1892 —

1893 —

Sarlat. — Imprimerie MICHELET, rue de la Charité.

TARIF DES PRINCIPAUX OBJETS SOUMIS A LA DOUANE FRANÇAISE.

Objets en nacre pure ou en bois avec incrustation de nacre, même tarif 1,250 fr. les cent kilos ou 12 fr. 50 le kilo.

Statuettes autres objets bois d'Orient, 7 fr. les cent kilos.

Chapelets et objets en bois et métaux communs, 60 fr. les cent kilos ou 60 cent. le kilo.

Chapelets en or, argent et tous autres objets de bijouterie argentés ou dorés, même tarif, 500 fr. les cent kilos ou 5 fr. le kilo.

Armes, objets de collection et tissus de soie pure, exempts.

Etoffes en laine pure pour ameublement, 124 fr. les cent kilos ; — Moire, 75 fr.

Tapis persans, 186 fr. les cent kilos. — Autres tapisseries, 620 fr. les cent kilos ou 6 fr. 20 le kilo.

OUVRAGES SUR LA TERRE-SAINTE

En dépôt ou en vente aux Bureaux de la CROIX, Paris

Notre-Dame de France, par le chanoine Lespinasse, envoyée gratuitement à tout souscripteur de 10 fr...... **10.00**

Livre du pèlerin, guide du pèlerinage, prières et cantiques.................................. **2.00**

Guide indicateur, par le frère Liévin, guide complet de la Terre-Sainte.......................... **12.00**

En Terre-Sainte, l'abbé Lafargue, nomb. grav..... **5.00**

Toujours Jérusalem, par de Belloc.............. **2.00**

Visite aux Saints-Lieux, par le chan. Blanchard .. **2.00**

Chevauchée en Palestine, par Mlle de Bazelaire, avec dessin.................................. **2.00**

Quarante jours en Terre-Sainte................. **2.00**

Egypte et Palestine, par A. Courel............. **1.50**

IXe *pèlerinage. Egypte et Palestine*, par le Cl Prévot. **1.80**

Le pèlerin de Bordeaux de 333 et *Arculphe de* 690, vol. trad. en français, chez Delmas, éditeur, rue Sainte-Catherine. 139, Bordeaux.............. **2.00**

www.ingramcontent.com/pod-product-compliance
Lightning Source LLC
LaVergne TN
LVHW050514160826
845677LV00003B/1134